UITGAVEN VAN HET
NEDERLANDS HISTORISCH-ARCHAEOLOGISCH INSTITUUT TE ISTANBUL

Publications de l'Institut historique et archéologique néerlandais de Stamboul

sous la direction de
A. A. CENSE et A. A. KAMPMAN

X

H. SAINT JOHN B. PHILBY

LE "SHEIKH 'ABDALLAH"

3 avril 1885 – 30 septembre 1960

photo J. Ryckmans

H. Saint John B. Philby
Le "Sheikh 'Abdallah"
Riyadh, février 1952

H. SAINT JOHN B. PHILBY

LE "SHEIKH 'ABDALLAH"

3 avril 1885 – 30 septembre 1960

par

G. RYCKMANS

Professeur émérite de l'Université de Louvain

İSTANBUL
NEDERLANDS HISTORISCH-ARCHAEOLOGISCH INSTITUUT
IN HET NABIJE OOSTEN
1961

H. SAINT JOHN B. PHILBY
Le "Sheikh 'Abdallah'"
(3 avril 1885 – 30 septembre 1960)*

"Il repose en terre libanaise"

Le samedi 1ᵉʳ octobre 1960 je recevais de M. Gabriel Dardaud, Directeur de l'Agence France-Presse à Beyrouth, le télégramme suivant: «*Regrette vous faire part de décès subit Beyrouth suite crise cardiaque de Saint John Philby qui venait de regagner Liban. N'étions que cinq amis autour de sa tombe au cimetière musulman. Ai pensé devoir vous aviser, certain que partageriez notre peine*»[1].

Cette nouvelle nous frappa d'une douloureuse stupeur. Philby nous avait quittés le mardi précédent, alerte et joyeux, plus actif que jamais malgré ses soixante-quinze ans. Il avait, selon son habitude, fait de Louvain la première étape de son voyage de retour en Arabie, après avoir passé l'été en Angleterre. Nous avions arrêté ensemble les plans de la publication de *l'Expédition Philby-Ryckmans-Lippens en Arabie*. Il avait emmené les bonnes feuilles de l'Atlas contenant les fac-similés des copies des inscriptions qui, après le classement définitif par les soins de Jacques Ryckmans se montent à environ 15.000 numéros répartis sur 261 planches. Il se proposait avec une visible satisfaction de montrer ce volume à S. M. le Roi Sa'ud et aux Autorités sa'udites, comme une preuve des richesses archéologiques que recèle leur territoire. Il était fier aussi de la carte des provinces méridionales du royaume, qu'il avait établie au jour le jour avec la patience et la ténacité de l'araignée qui tisse sa toile. Cette carte a été exécutée dans les ateliers de la Royal Geographical Society à Londres. Elle éliminera de nombreux blancs que déploraient jusqu'ici les orientalistes et les géographes. Il avait donné le bon à tirer pour l'article signé de son nom dans *Le Muséon*, LXXIII, 1960, p. 395–417, la première publication de ses œuvres posthumes. Il avait hâte de regagner, après un bref séjour à Beyrouth, sa maison de Riyadh, où il comptait mettre la dernière main au rapport géographique de notre expédition, dont il avait accepté de se charger et qui est déjà rédigé aux deux tiers. *Pendent opera interrupta*. Il s'était montré particulièrement détendu, évoquant de vieux souvenirs, servi par sa

---

*) Cette notice nécrologique a paru dans *Le Muséon*, LXXIII, 1960, p. 459–481.

[1] Parmi ces cinq personnes se trouvait le fils du défunt, M. H. A. R. Philby, qui a assisté son père à ses derniers moments, dont il m'a fait l'émouvant récit dans sa lettre du 7 octobre.

mémoire impeccable et implacable, et stimulé par l'humour britannique auquel
un demi-siècle passé en Orient n'avait rien fait perdre de ses droits. Il repose
aujourd'hui dans le cimetière de Bashura à Beyrouth, en cette terre libanaise,
qu'il avait appris à aimer au cours de son dernier exil.

Philby a laissé deux volumes d'autobiographie: *Arabian Days*[2]) et *Forty Years in the
Wilderness*[3]). Ses mémoires s'arrêtent dans ce dernier volume à la fin de son séjour
au Liban en 1956. Il y manifeste l'intention de poursuivre ce récit à partir du
« retour du fils prodigue »[4]). On pourrait ranger aussi parmi les mémoires de
Philby la biographie du roi Ibn Sa'ud, *Arabian Jubilee*[5]). Leurs deux carrières ont
été intimement liées depuis 1926. « Écrire l'histoire d'Ibn Sa'ud, disions nous dans
le compte rendu de ce volume, c'est écrire l'histoire de Philby; l'inverse est égale-
ment vrai »[6]) Les « Quarante ans dans le désert», Philby les a passés pour une
part à vivre de la vie nomade. Ses innombrables carnets de voyage publiés dans
d'imposants ouvrages fournissent, eux aussi, des contributions à son autobiographie. Il a enfin entretenu une volumineuse correspondance, dont la publication
ferait mieux connaître l'homme et les événements auxquels il a été mêlé.

L'enfance et la jeunesse: de Ceylan à Amman

Harry Saint John Bridger Philby est né à Badulla (Ceylan) le 3 avril 1885, dans la
plantation de thé appelée St Johns, appartenant à son père, et de laquelle il hérita
son deuxième prénom. Il a raconté comment un épisode tragi-comique survenu
peu après sa naissance a fait planer pendant toute sa vie un doute sur sa propre
identité. Sa mère l'oublia un jour au départ d'une visite à une plantation. Après
de nombreuses battues, les serviteurs finirent par trouver une femme tzigane en
possession de deux enfants du même âge et de mêmes traits. Elle avait trouvé l'un
d'eux sur la route et, comme l'enfant trouvé était somptueusement vêtu tandis
que le sien n'était pas mieux pourvu qu'au moment de sa naissance, elle procéda à
une répartition plus équitable, de telle sorte qu'elle était devenue incapable de
distinguer son propre enfant de celui qu'elle avait trouvé sur son chemin. Les
serviteurs éberlués tranchèrent le dilemme en prenant possession de celui qui
était le mieux vêtu, ce qui fit, dit Philby, que «lorsqu'ils le ramenèrent à ma mère,
personne n'a su jusqu'à ce jour si je suis moi-même ou fils de la tzigane»[7]). L'énigme
était loin d'être insoluble. Philby était bien Philby, Anglais jusqu'au bout des
ongles. Ses yeux bleus d'acier, son humour jamais endormi, sa volonté de fer, sa

---

[2]) Londres, 1948; cf. G. Ryckmans, dans *Le Muséon*, LXI, 1948, p. 308–310.

[3]) Londres, 1959; cf. G. Ryckmans, dans *Le Muséon*, LXXII, 1959, p. 240–244.

[4]) P. 260.

[5]) Londres, 1952; cf. G. Ryckmans, dans *Le Muséon*, LXVI, 1953, p. 185–187.

[6]) Cf. G. Ryckmans, dans *Le Muséon*, LXVI, 1953, p. 186.

[7]) *Arabian Days*, p. 9–10.

ténacité, sa franchise, ses accès de violence tempérés par une patience opiniâtre et une courtoisie qui rappelait des temps à jamais révolus, permettent de trancher le dilemme en toute sécurité.

Agé de dix ans, il fut confié à la Westminster School. Les heures égrenées par Big Ben lui rappelaient dans le désert, lorsqu'il était à l'écoute de la B.B.C., les années passées à l'ombre de l'Abbaye où, revêtu d'un surplis blanc, il prenait part aux offices du vénérable Chapitre. Il avait gardé de ces années un souvenir charmé et ému, et il racontait volontiers qu'il faisait partie des chœurs de Westminster au jubilé de la reine Victoria en 1897 et au couronnement du roi Edouard, qu'il salua à la sortie de l'église du traditionnel *Vaaivat Rex* clamé par les jeunes gosiers anglais.

L'adolescent s'affirma à Cambridge. Il s'y forma à la culture humaniste, à la pratique des sports. Il y acquit aussi une solide connaissance des langues étrangères. Ses livres sont émaillés de citations des classiques latins, surtout d'Horace; hormis l'accent, il parlait l'arabe comme sa langue maternelle, et il s'exprimait avec une rare aisance en français. Mais c'est à Cambridge que s'affirma son caractère indomptable. Son destin semble s'être fixé à partir de ces années passées dans l'atmosphère victorienne de la vieille université. Ce destin «s'explique, semble-t-il, par la réaction d'un tempérament d'une vigueur, d'une trempe et d'une originalité peu communes contre l'emprise de son milieu attaché à un traditionnalisme conformiste vidé de son contenu, et qui imposait l'adhésion en vertu de convenances sociales surannées aux yeux du jeune étudiant»[8]). Aussi n'est-il pas étonnant que les avatars subis en Angleterre après la deuxième guerre l'aient déterminé à se présenter comme candidat aux Communes sous l'étiquette travailliste. Par bonheur pour l'exploration de l'Arabie, il subit un cuisant échec[9]).

Il entra en 1908 au service de l'Inde; il y passa sept ans, après quoi il fut envoyé en 1915 en Mésopotamie, sous les ordres de Sir Percy Cox. C'est là qu'il rencontra pour la première fois celui qui devait devenir son illustre partenaire sur l'échiquier arabe, T. E. Lawrence, envoyé d'Egypte pour aviser aux moyens de faire agir sur les Turcs le nerf de la guerre, en vue de dégager le général Townshend, assiégé à Qut al-Amara. Les Turcs firent la sourde oreille, et la reddition de Qut al-Amara fut un coup dur pour l'armée britannique.

La révolte arabe a été l'œuvre de Sir Ronald Storrs au cours de l'été 1916. Lawrence n'entra en scène qu'en octobre de la même année. C'est à sa suggestion que s'engagèrent les pourparlers avec Husain, le shérif hashémite de la Mekke. Sir Percy Cox, de son côté, amorça les premières négociations avec Ibn Sa'ud, le jeune émir du Nedjd, dont l'étoile se levait sur le ciel de l'Arabie depuis la prise en 1902 de Riyadh, d'où avait été chassé son père. Cox prit contact avec Ibn Sa'ud à 'Uqair;

---

[8]) Cf. G. Ryckmans, dans *Le Muséon*, LXI, 1948, p. 308.
[9]) *Arabian Days*, p. 310.

il obtint sa neutralité dans le conflit avec les Turcs, en échange de la garantie de
l'indépendance du Nedjd. On sait quelle fut la suite. La Grande-Bretagne misa sur
Husain pour rallier le monde arabe. Lawrence rêvait d'un royaume arabe sous le
sceptre de Faisal, fils de Husain, et dont la capitale serait Damas, où Faisal fit une
entrée triomphale, acclamé par des centaines de milliers d'Arabes. Les canons
français ne tardèrent pas à mettre une «sourdine» à cet enthousiasme. Faisal,
chassé de Damas, fut accueilli à Bagdad par les Britanniques, et reçut en compen-
sation le jeune royaume d'Iraq, tandis que 'Abdullah, frère de Faisal, se voyait
attribuer l'émirat de Transjordanie, création artificielle, destinée à souder l'Iraq
à la Palestine sous mandat britannique. Sa capitale était Amman, pauvre village
tsherkess, aujourd'hui opulente agglomération de plus de 200.000 habitants.
Entre temps Husain, roi du Hedjaz par la grâce des Britanniques, se rendait im-
possible par son obstination à courte vue, sa rapacité et son incapacité. La corruption était érigée en système; les pèlerins de la Mekke étaient véritablement rançon-
nés par une exploitation éhontée; l'insécurité compromettait tout trafic caravanier.
Roi du Hedjaz, Husain se fit proclamer Calife. Ibn Sa'ud réagit violemment. Les
Wahhabites s'emparèrent en 1924 de Taïf qui fut mise à sac. Pris de panique à la
Mekke, Husain s'embarqua sur un navire britannique; son fils 'Ali qui lui succéda,
se retrancha à Djedda; la Mekke fut prise sans coup férir, et Ibn Sa'ud y fit son
entrée en pèlerin. Dès la fin de 1925, après la reddition de Djedda, 'Ali prit la
fuite, et le 8 janvier 1926 Ibn Sa'ud fut proclamé roi du Hedjaz et du Nedjd.
Philby fut mêlé de près à ces événements qui marquèrent un tournant dans l'histoire du monde arabe. Dès sa première entrevue avec Ibn Sa'ud, il reconnut en ce chef
bédouin l'homme de l'avenir. M. Louis Massignon raconte comment, en 1917,
au quartier général d'Allenby à Kalab devant Gaza, il fut présenté à celui qui
venait de prévenir le général que «Lawrence had bet on the wrong horse»[10]). C'est
ainsi qu'il alla saluer sous sa tente «Philby, tout frais émoulu du S. R. de l'armée
des Indes, décidé à persuader la Grande-Bretagne de jouer la carte séoudienne, non
pas la carte hachémite (on sait que sept ans plus tard, Philby entrait avec Ibn
Séoud en vainqueur au Hedjaz)»[11]). Et M. Massignon ajoute: «Philby n'avait pas
la classe de Lawrence, et n'apprit que lentement l'arabe; mais il avait vu juste
contre Lawrence; seuls les Séoudiens avaient une armature militaire et sociale
fidèle, en Arabie»[12].

Malgré son opposition radicale à la politique de Lawrence, Philby a toujours parlé
de son partenaire avec objectivité et sympathie. Il avait été frappé de trouver chez

---

[10]) Louis Massignon, *Mes rapports avec Lawrence en 1917*, note rédigée spécialement pour l'ouvrage
de Roger Stéphane, *Lawrence* (Bibliothèque idéale), Paris, 1960, p. 209.
[11]) *Loc. cit.*
[12]) *Loc. cit.*

lui «that curious mingling of woman's sensibility with the virility of the man»[13]).
Il a défendu sa mémoire contre ses détracteurs dont Richard Aldington s'est fait
le porte parole[14]). Il a établi que l'honneur de Lawrence est au-dessus de tout
soupçon. Le comportement excentrique du «Roi du désert», plus tard le «private
T. E. Shaw», s'explique «par une originalité foncière, un souci naïf de publicité, et
par un tempérament intellectuel aux tendances ascétiques. Il avait en lui quelque
chose de génial»[15]). Philby a rendu hommage en ces termes à l'œuvre maîtresse de
Lawrence: «*The Seven Pillars of Wisdom* will surely stand for all time as a monument
to the genius of a lonely man struggling with fate»[16].)

Philby fut nommé en 1921 représentant britannique auprès de ʿAbdullah, émir de
Transjordanie et frère de Faisal. Il garda de sa mission à Amman le meilleur souvenir; il comptait publier sous peu un volume sur son séjour à Amman, au cours
duquel il revit à diverses reprises Ibn Saʿud. La politique de la Grande-Bretagne à
l'égard du monde arabe lui inspirait une répugnance toujours croissante. Il estimait
que son pays n'avait pas honoré sa parole. L'Iraq, la Jordanie, la Palestine, le
Hedjaz étaient sous la mouvance de la Grande-Bretagne; la France avait réclamé
le Mandat sur la Syrie. L'émancipation, levier de la Révolte dans le désert sous la
conduite de Lawrence[17]), n'avait été qu'un leurre. Le fantoche Husain se proclamait
Calife. C'est alors – nous l'avons dit plus haut – qu'Ibn Saʿud, menacé dans son
indépendance et bafoué par la Grande Bretagne qui s'en était portée garante, lança
ses *ikhwan* à la conquête du Hedjaz. Philby résigna ses fonctions, et il s'en alla
rejoindre Ibn Saʿud. Son destin était fixé: il avait choisi la liberté en rompant
résolument ses attaches avec l'Occident.

Il est revenu à diverses reprises dans ses Mémoires sur ce passé à jamais révolu.
Il y fait défiler les personnalités marquantes qui, à partir de 1914 et au cours des
années de l'après-guerre, se sont affrontées en Orient sur le terrain de la politique:
Lord Curzon, Allenby, «ce géant qui cherchait ses mots», s'il faut en croire Pierre
Benoit; Sir Percy Cox, Gertrude Bell, Ronald Storrs, et ceux qu'il a appelés «ses
principaux antagonistes»[18]), Sir Arnold T. Wilson et T. E. Lawrence. Et, sur la
scène arabe, Husain, ses fils ʿAli, ʿAbdullah et Faisal, et leurs adversaires wahhabites.
Nous ne citons ici que les principaux acteurs du drame. Les Britanniques – Lawrence mis à part – et surtout les militaires, tels que Philby les présente, ne donnent
pas l'impression d'avoir l'esprit particulièrement délié. Ils se montrent réfractaires
à la logique; ils semblent ne céder à d'autres moyens de persuasion que les coups et
la menace de débâcle: ce sont là les seuls arguments capables de les faire passer à

[13]) *Arabian Days*, p. 49–50.
[14]) R. Aldington, *Lawrence of Arabia*, Londres, 1955.
[15]) Cf. G. Ryckmans, dans *Le Muséon*, LXXII, 1959, p. 243.
[16]) *Forty Years in the Wilderness*, p. 89.
[17]) T. E. Lawrence, *Revolt in the Desert*, Londres, 1927.
[18]) *Arabian Days*, p. XVI.

l'action. C'est ce qu'on convient de qualifier de politique pragmatiste. Il faut admettre qu'elle n'a pas trop brillamment réussi dans le Proche-Orient; mais il faut convenir aussi que la Grande-Bretagne lui doit en partie la création et le maintien de l'Empire qui n'a succombé qu'après la deuxième guerre mondiale.

En Arabie

C'est en 1925 que Philby se fixa définitivement en Arabie. Il y assuma la direction de la Sharqieh Ltd. (plus tard Mitchell Cotts), compagnie de transports automobiles fondée à Djedda peu avant la prise de cette ville et de la Mekke par Ibn Sa'ud. Cette compagnie obtint en 1937 le monopole de Ford, ce qui lui assura un développement considérable[19]).

Le destin de Philby était fixé. L'ancien agent britannique s'intégra sans esprit de retour à la communauté wahhabite: il en avait adopté les usages (sauf l'abstention du tabac; sa pipe ne le quitta pas jusqu'à sa mort); il en avait adopté le costume, la langue et la religion.

Il a raconté comment, en 1930, il fit de la Grande Mosquée de la Mekke son «spiritual home». Il a expliqué de manière étrange les sentiments qu'il éprouva en cette soirée où il fit son premier pèlerinage: «I felt like some disembodied spirit restored by accident or miracle to its proper environment»[20]). Il n'y eut en fait ni accident ni miracle. Philby avait été élevé dans la tradition de l'Église établie. Il croyait sincèrement en Dieu, et j'ai eu à maintes reprises l'occasion de m'en convaincre. On a vu comment, dès les années de Cambridge, il fit bon marché du traditionnalisme conformiste dans lequel il avait été élevé. Comme nombre de ses contemporains, bien que croyant en Dieu, il n'était chrétien que de nom, sans rompre officiellement avec la religion telle qu'elle se pratiquait dans son pays. Le contact avec le milieu wahhabite fut pour lui une révélation. Il constata pour la première fois que l'idéal religieux pouvait être le ferment de vie d'une nation tout entière. Jamais l'Arabie n'aurait été unifiée, et jamais cette unité n'aurait été maintenue sans ce ferment. Aussi n'éprouva-t-il aucun regret de voir s'évanouir le peu qui restait d'une tradition formaliste, dépourvue de sens dans l'ambiance des puritains du désert. Sans se faire puritain lui-même – il avait horreur de tout fanatisme – il résolut d'adorer Dieu comme l'adorait le peuple qui était désormais le sien. Nous avons été témoins de sa fidélité aux prières rituelles; il nous dit plus d'une fois que, par un étrange retour des choses, c'était lui, le néophyte, qui devait rallier les hommes de notre escorte à l'heure des trois prières quotidiennes imposées aux croyants au cours de leurs voyages[21]). Pour le reste, il se montrait passablement

---

[19]) *Arabian Days*, p. 306.
[20]) *Arabian Days*, p. 281.
[21]) Au lieu des cinq prières rituelles auxquelles ils sont astreints en temps normal.

éclectique en matière d'observances religieuses, tout en se gardant d'effaroucher en public la foi de ses nouveaux coreligionnaires.

C'est alors que le roi – qui lui avait donné le nom de 'Abdallah – lui fit don d'une maison dans la ville sainte. Il lui offrit aussi à Riyadh une vieille demeure dans ce qu'il appelait plaisamment le «slum quarter»; cette maison en terre séchée n'avait rien de commun avec les somptueux palais des membres de la famille royale et des hauts fonctionnaires. Philby y vivait en bédouin, travaillant et dormant sur une natte. Ibn Sa'ud avait manifesté aussi l'intention de le nommer membre du Conseil de la Couronne. Philby déclina cet honneur, tout en assurant le roi de ce qu'il était prêt à lui rendre service en toute circonstance, ce qu'il pourrait faire mieux comme ami que revêtu d'une fonction officielle. S'il acceptait celle-ci, on ne manquerait pas de dire qu'elle était le prix de son passage à l'Islam. Il était certain d'ailleurs de servir mieux le roi en gardant son indépendance grâce à son activité commerciale, et en travaillant à ses publications. Le roi se rendit à ces raisons. Mais il fut entendu que Philby aurait ses entrées non officielles au Conseil de la Couronne qui se réunissait chaque jour, et où se débattaient les affaires internationales et les affaires arabes. Ibn Sa'ud avait un jour comparé cette assemblée au Parlement britannique – comparaison n'est pas raison; – «Philby, avait-il ajouté, est tout indiqué pour y remplir le rôle d'opposition de Sa Majesté»[22]). Il ne pouvait rendre un hommage plus flatteur à l'indépendance et au désintéressement de son ami.

C'est Philby qui mit le roi en relation avec Charles Crane et avec l'équipe de géologues qui, sous la conduite de l'ingénieur K. S. Twitchell, eurent pour mission de rechercher les nappes d'eau qui dorment dans le sous-sol de l'Arabie. Ils trouvèrent de l'eau, mais ils trouvèrent aussi du pétrole en abondance, et de l'or en moindre quantité. Twitchell passa quatorze ans en Arabie: les résultats de ses prospections furent surprenants[23]). Les finances sa'udites étaient, lors de l'arrivée de Crane, dans un état déplorable. Le roi tirait le plus clair de ses revenus des taxes prélevées sur les pèlerins de la Mekke. Les rentrées dans le trésor de l'État ne dépassaient pas 2 millions de Livres, tandis que le montant de la dette extérieure s'élevait à 300 millions[23bis]). Avec les flots de pétrole déferla bientôt un flot de richesses qui ne tarda pas à emporter la structure de l'austère État wahhabite. Ce fut, nous le dirons plus loin, le début du drame de l'Arabie.

Ainsi se nouèrent les liens d'amitié qui unirent pendant trente ans l'héritier des chefs bédouins et l'ancien agent britannique. Ils se voyaient chaque jour au divan du palais royal où se réunissait le Conseil de la Couronne, dont les membres, assis le long des murs sur des tapis – et, plus tard dans de somptueux fauteuils – discu-

---

[22]) *Arabian Days*, p. 282–283.
[23]) K. S. Twitchell, *Saudi Arabia*, Princeton, N. J., 1947, p. 139–164.
[23bis]) *Arabian Days*, p. 291.

taient gravement et longuement des affaires de l'État, tandis que le roi se tenait, selon la coutume bédouine, à l'angle du mur de fond de la salle, près de la fenêtre. Il arrivait fréquemment qu'il mandât son ami au cours de la journée pour avoir son avis au sujet d'une affaire urgente. Philby était aussi un commensal du palais. Les menus d'Ibn Sa'ud s'inspiraient de la tradition bédouine: le mouton y figurait invariablement. Il va sans dire que toute boisson fermentée était rigoureusement proscrite.

L'explorateur

Mais on se tromperait en s'imaginant que Philby fut un homme de Cour. Il avait traversé l'Arabie du golfe Persique à Djedda en 1918, lorsque Sir Percy Cox l'envoya chez Husain. Il accomplit le trajet à dos de chameau en trois semaines. Ce voyage fit de Philby l'homme du désert. Il l'a depuis lors parcouru en tous sens, et de cette alliance avec le désert est née une œuvre inégalée: la carte de l'Arabie d'une part, et, de l'autre, la série de volumes et les centaines d'articles dans lesquels il a publié les récits de ses expéditions. Dès 1922 parut son premier ouvrage – dont il était très fier – où il raconte les péripéties de sa mission auprès de Husain[24]). Il prenait des notes hâtives en cours de route; arrivé à l'étape du soir, il les mettait au point, et ce travail se prolongeait souvent pendant la plus grande partie de la nuit. Il dormait à la belle étoile, abrité du vent par son chameau, et plus tard par sa Land-Rover, le long de laquelle était tendue une toile. Il fallait une volonté de fer et une constitution à toute épreuve pour fournir un effort aussi harassant. Rien ne lui échappait le long de la route. Il notait tous les accidents de terrain, s'informait des clans et des tribus sur les terres desquels il passait, interrogeait sans répit les guides qu'il engageait successivement à chaque limite de territoire. Sa mémoire déconcertante le servait admirablement. A des années de distance il pouvait donner les précisions les plus minutieuses sur les itinéraires qu'il avait suivis. Une des grandes satisfactions qu'il avait éprouvées au cours de l'expédition que nous entreprîmes ensemble en 1951–1952 était de laisser à ses compagnons de route le soin de prendre les notes, de les rédiger, et de les lui soumettre chaque soir. Il se contentait de consigner sur son carnet les observations indispensables à l'élaboration de la carte, et qu'il recueillait de la bouche du guide à chaque arrêt de la Land-Rover. En route, assis à ses côtés tandis qu'il était à son volant, je prenais à la volée les noms hurlés par notre bédouin accroupi derrière nous. Il avait invariablement jusque là voyagé seul avec une escorte bédouine; jamais, nous dit-il à plusieurs reprises, il n'avait voyagé dans des conditions aussi confortables. Mais il se plaignait de la médiocrité de plus en plus décevante des connaissances des guides bédouins. Il attribuait celle-ci à la sécurité dont jouissait le pays

---

[24]) *The Heart of Arabia*, 2 vol., Londres, 1922.

sous le régime wahhabite. Nous avons vu les tours de garde échelonnées le long des pistes et aux abords des puits, croulantes et abandonnées. Les combats pour la possession des points d'eau exigeaient une connaissance parfaite des lieux. Le succès des razzias dépendait pour une grande part d'une longue expérience du terrain d'opérations. La traction automobile qui finira par supprimer le trafic caravanier dans les plaines et sur les hauts plateaux est, elle aussi, néfaste à l'identification des toponymes. Aussi n'est-il pas étonnant que les services géologiques de l'Aramco aient établi des cartes muettes, les observations des prospecteurs étant faites à bord d'une auto ou d'un avion.

Les livres de Philby ne sont pas d'une lecture facile. Bien que son style soit agréable et savoureux et bien que l'humour, souvent bienveillant et parfois sarcastique n'y perde jamais ses droits, ils livrent pêle-mêle les notes prises au jour le jour. Il faut souvent feuilleter nombre de pages avant de parvenir à repérer une date. Mais ses mémoires, les récits de ses voyages et ses ouvrages d'histoire de l'Arabie wahhabite sont une mine inépuisable où l'ethnologue, le géographe, l'historien, le folkloriste trouveront dans l'avenir un matériel que lui seul était capable de réunir. Et ils pourront être rassurés sur l'exactitude et la qualité de l'information qu'ils y cherchent. L'Arabie des bédouins est condamnée à disparaître à bref délai. L'œuvre de Philby sauvera de l'oubli un passé qui sans lui aurait été voué en grande partie à s'évanouir à jamais.

Philby toutefois n'était pas philologue. Sa transcription des noms arabes est, dans ses livres, affranchie de toute loi, ce qui lui permet de suggérer des identifications à tout le moins hasardeuses. J'ai eu l'occasion d'en fournir des exemples[25]). Cet homme qui connaissait l'Arabie et les Arabes mieux que n'importe quel Oriental avait accumulé au fil des jours et des années une documentation énorme. Mais il avait son violon d'Ingres, et il y tenait d'autant plus qu'il n'en jouait que médiocrement. L'histoire de l'Arabie antique du temps de *l'ahl al-ǧahiliyya* fut pour lui une révélation lorsque, au cours de son expédition au Yemen et au Ḥaḍramaut, il rencontra les inscriptions rupestres préislamiques. Je dirai qu'il s'engagea là dans une voie semée pour lui d'embûches et d'obstacles. Son mérite a été d'y ouvrir des horizons, et surtout d'enrichir le matériel épigraphique; son tort a été de consacrer à l'histoire de la période préislamique un temps qu'il aurait pu passer – combien plus utilement – à livrer les résultats de ses propres expériences.

Le "quartier vide"

Philby avait déjà, lors de son séjour en Mésopotamie et de ses voyages sur la côte du golfe Persique, subi l'attraction du Rub' al-Khali, le «Quartier vide» le grand

---

[25]) Voir entre autres l'identification qu'il propose pour Ophir, dans mon article *Ophir, Suppl. Dict. de la Bible*, VI, p. 747. Voir aussi plus loin les identifications proposées dans *The Background of Islam*.

désert, «qui n'avait jamais été traversé par un être humain, et certainement pas par un voyageur européen»[26]). Rosita Forbes, l'infatigable et vaillante exploratrice anglaise, lui proposa en 1924 de tenter avec elle cette aventure, sous les auspices du *Daily Telegraph*. Philby accepta cette offre avec enthousiasme. L'invasion du Hedjaz par les Wahhabites fit abandonner le projet. Philby le mit à exécution en 1932, mais sans Rosita Forbes. Bertram Thomas avait toutefois été le premier à accomplir cet exploit[27]). Il traversa le Rub' al-Khali du sud au nord en 1931. Philby fit l'itinéraire en sens inverse. Il quitta Hufhuf, dans le Hasa, le 4 janvier 1932. Il descendit vers le sud jusqu'au 19° de latitude dans des conditions effroyables pour les hommes comme pour les chameaux: la pluie n'était plus tombée depuis vingt ans. La plupart des rares puits étaient à sec, et dans le centre de ce désert on ne trouvait pas d'eau sur une distance de près de 700 km. C'est pourquoi Philby établit son itinéraire vers l'ouest à partir du 19e degré, en direction de Sulaiyil, dans la brèche de la chaîne du Tuwaiq, non loin de l'oasis de Dam. Terrifiés par l'horreur et la désolation que leur inspirait cet enfer, les hommes de l'escorte décidèrent dès la quatrième nuit d'assassiner le sheikh 'Abdallah et de fuir ces affreux parages. La crainte de la colère du roi les fit hésiter, et Philby n'apprit que plus tard que son sommeil avait menacé d'être prolongé au-delà de ses vœux. Ce désert avait été sillonné de rivières, aujourd'hui des lits desséchés de wadis, qui descendaient des montagnes du Yemen pour se jeter dans le golfe d'Oman. Philby vit le fameux cratère creusé par un météorite à Wabar, la ville légendaire qui a été identifiée avec Ophir. Nous avons été à la recherche d'une autre Ubar-Ophir, à la lisière occidentale du Rub' al-Khali; ni l'un ni l'autre site ne justifie cette identification[28]). Des hommes vivaient avec de pauvres troupeaux dans ces sables maudits, à proximité de l'un ou l'autre point d'eau.

Dès 1933 parut le récit de cette étonnante randonnée[29]); Philby en était fier à juste titre. Son livre fait pendant à celui de Bertram Thomas. Cette épopée du désert se clôt par une troisième geste, celle de Wilfred Thesiger, geste en deux actes. Elle sera la dernière, depuis que le désert est envahi par les autos, survolé par les avions, abandonné des bédouins qui y menaient la vie de leurs ancêtres d'il y a trente siècles. Thesiger est un voyageur de vocation. Il a foncé dans le Rub' al-Khali en 1946–1947 du sud au nord, pour redescendre du nord au sud jusqu'au port de Salala, son point de départ. Sa deuxième traversée, en 1947–1948, décrit un arc de cercle. De Mukalla il se dirigea vers le versant est de la chaîne du Tuwaiq qu'il longea jusque Laila d'où il gagna l'Oman, d'ouest en est. Thesiger est le dernier

---

[26]) *Arabian days*, p. 241.

[27]) Bertram Thomas, *Arabia Felix, Across the Empty Quarter of Arabia*, Londres, 1932.

[28]) Cf. notre article *Ophir* dans *Suppl. Dict. Bible*, VI, p. 747.

[29]) *The Empty Quarter*, Londres, 1933.

explorateur qui se soit aventuré dans ces sables à dos de chameau et à pied. Son livre est aussi le dernier de la trilogie du désert d'Arabie[30]).

Arrivé à Sulaiyil, Philby retrouvait le monde habité; il avait toutefois encore 700 milles à parcourir avant d'atteindre la Mekke, terme de son voyage qui, au total, comportait 1700 milles. Il visita le Wadi Dawasir, le Wadi Bisha et remonta vers Sail en suivant la «route de l'Eléphant».

Il a publié les souvenirs de ce trajet dans le «*Prelude*» du volume qui contient le prologue et l'épilogue de sa fameuse expédition au Ḥaḍramaut et au Yemen en 1936–1937[31]).

En Arabie du Sud

Ce dernier voyage fut entrepris à la demande du roi. La campagne de 1934 contre le Yemen, menée par l'émir Faisal, le deuxième fils d'Ibn Sa'ud, n'avait duré que six semaines. Faisal avait occupé la Tihama et s'était emparé de Ḥudaida, lorsqu'il reçut pour instructions de ne pas pénétrer plus avant dans le pays. L'imam Yaḥya accepta d'engager des pourparlers, et le traité de Taïf, signé le 13 mai 1934, mit fin aux hostilités. L'armée sa'udite évacua la Tihama moyennant une substantielle indemnité. Une fois la paix rétablie, Ibn Sa'ud se rendit compte de la nécessité de délimiter les frontières du Yemen et de son royaume. L'invasion du Nedjran par les Yéménites avait été la cause du conflit de 1934. L'Arabie sa'udite avait réoccupé le Nedjran, mais il tombait sous le sens que de nouveaux incidents de frontières se produiraient tant que la délimitation n'aurait pas été réglée, du moins dans les zones habitées.

Le roi confia cette mission à Philby, qui l'accepta avec enthousiasme. Il résolut – à part lui – de pousser jusqu'à la côte de l'Océan Indien, et il serait ainsi le premier Européen à avoir traversé l'Arabie de part en part, du nord au sud, après l'avoir déjà traversée d'est en ouest et d'ouest en est.

Il fit ses adieux au roi le 19 mai 1936 à 'Ashaira, sur la route de la Mekke à Riyadh, pour gagner Abha, la capitale de la province de 'Asir par le Wadi Ranya, le Wadi Bisha et le Wadi Tathlith. Il parcourut en tous sens la zone méridionale de la chaîne granitique du Hedjaz, et dressa la carte de la frontière dans la zone limitrophe du Yemen. Il dirigea aussi les travaux de la commission mixte chargée de jalonner de stèles cette frontière. Il passa environ un mois dans l'oasis de Nedjran où Halévy, venant du sud, avait relevé des inscriptions sabéennes en 1870. Philby fut le premier à explorer les ruines de Ukhdud dont il fit le plan. Il poursuivit les opérations de jalonnement par des stèles sur la frontière yéménite au-delà du col

---

[30]) W. Thesiger, *Arabian Sands*, Londres, 1959.

[31]) *Arabian Highlands*, Ithaca, N. Y., 1952; cf. G. Ryckmans, dans *Le Muséon*, LXV, 1952, p.319–322. Le récit du trajet à travers le Ḥaḍramaut et le Yemen au cours du voyage de 1936–1937 a été publié dans *Sheba's Daughters*, Londres, 1939; cf. G. Ryckmans, dans *Le Muséon*, LII, 1939, p. 194-196.

qui mène de l'oasis au plateau du Yemen. Lorsque nous en fîmes l'ascension à la fin de l'année 1951, nous ne les avons pas retrouvées; les bédouins Yam dont le territoire s'étend de part et d'autre de la frontière, s'étaient vraisemblablement chargés de les faire disparaître.

Du Nedjran Philby descendit vers le Djôf méridional pour gagner Shabwa, l'ancienne capitale du Ḥaḍramaut, où le ramena l'itinéraire du retour. Il fut le premier Européen à en visiter les ruines. L'année précédente, l'Allemand Helfritz les avait entrevues, mais son comportement avait provoqué des réactions peu rassurantes chez les habitants, et il jugea prudent de ne pas s'y attarder. Philby arriva à la mi-août à Shibam, à Tarim et à Saiwûn, et il atteignit l'océan Indien à Shihr, d'où il gagna Mukalla.

Les autorités d'Aden n'accueillirent pas avec une particulière faveur la présence d'un émissaire d'Ibn Sa'ud sur les territoires d'allégeance britannique. Le bruit avait couru que Philby avait pénétré dans le Ḥaḍramaut à la tête d'un détachement de soldats wahhabites. Philby n'insista pas, d'autant plus qu'à partir de son escapade au-delà de la frontière sa'udite, il n'était plus en service commandé. Le roi fermerait les yeux, pour autant que son incorrigible ami ne lui créerait pas d'ennuis.

Au retour, il aperçut de loin les ruines de Mârib, dont l'accès lui fut interdit par le gouverneur qui craignait de mécontenter l'imam en recevant chez lui un ami d'Ibn Sa'ud. Il en fut de même dans la région de Ma'în, où Philby visita toutefois les ruines de plusieurs localités préislamiques.

De retour au Nedjran, il se dirigea vers le port de Jizan sur la mer Rouge et remonta la plaine de la Tihama jusqu'à Djedda. Il avait ainsi parcouru un territoire d'environ 200.000 milles carrés, pour la plus grande partie inexploré. Il avait contrôlé – et le plus souvent fixé – la ligne frontière en la faisant jalonner de stèles, de la mer Rouge au Nedjran.

C'est au cours de cette expédition que son intérêt pour l'Arabie préislamique s'éveilla au contact des ruines du Nedjran, du Yemen et du Ḥaḍramaut, ainsi que des nombreuses inscriptions qu'il commença à copier le long de sa route. Il arriva à la Mekke le 18 février 1937, et il rejoignit le roi à Muna, au début du pèlerinage.

L'expédition Philby-Ryckmans-Lippens

L'expédition que Philby aimait à appeler le *magnum opus* de sa vie, la première qu'il ait entreprise avec des compagnons de route européens[32], fut organisée sous les auspices du roi Ibn Sa'ud, qui prit à sa charge tous les frais en territoire sa'udite[32bis]. Elle avait pour objectif la prospection épigraphique et archéologique

---

[32] Philippe Lippens, Jacques Ryckmans et le signataire de ces lignes.

[32bis] Une importante subvention du Fonds National de la Recherche Scientifique en Belgique et une généreuse intervention de l'Université de Louvain nous permirent de couvrir les frais d'équipement et de voyage jusqu'à Djedda.

des territoires situés au sud de la piste qui relie la Mekke à Riyadh. Philby se proposait en outre d'établir la carte. L'itinéraire représente schématiquement sur la carte un V dont les sommets sont la Mekke et Riyadh, et dont l'angle est à situer au Nedjran, à la frontière du Yemen. Philippe Lippens a publié le récit de cette expédition dans un volume attrayant, d'une remarquable précision, et somptueusement illustré, qui a rencontré partout un chaleureux accueil[33].

Il raconte les péripéties de cet étonnant voyage, de 5.448 km. – dont plus de 2.000 en des zones jusque là inexplorées – de Djedda à Abha, puis en boucle vers le nord, vers le puits de Muraighan, où nous relevâmes l'inscription rupestre du roi Abraha (Ry 506), pour redescendre vers le sud par les massifs du Qahra et du 'Alam, le long des parois rocheuses des wadis, couvertes d'inscriptions. Philby **avait** déjà, nous l'avons dit, fait un séjour dans l'oasis du Nedjran, à la frontière du Yemen. Nous y passâmes une quinzaine de jours, bien occupés à faire les levés sur le site de Ukhdud, à copier les inscriptions sur les rochers de part et d'autre de l'oasis, et à gravir le col qui franchit la frontière du Yemen. Nous poussâmes aussi une pointe de 200 km. dans le Rub' al-Khali, jusqu'aux environs de Ubar, en passant par Mankhali. Philby eut la satisfaction de découvrir au cours de ce trajet l'extrémité méridionale de la longue chaîne du Tuwaiq que nous avons vue émerger des sables du désert[34].

Nous remontâmes ensuite vers le nord, parallèlement à la chaîne du Tuwaiq. Le massif du Qâra, véritable nid d'inscriptions, en grande partie sabéennes, nous retint pendant plusieurs jours. Nous y avons collationné à Ḥimâ la grande inscription du roi sabéen judaïsant Yûsuf 'As'ar (Dhû Nuwâs) que Philby avait déjà copiée en partie dans des conditions fâcheuses (Ry 507). Une autre inscription de ce roi fut découverte par Philippe Lippens à une trentaine de km. au nord, sur les parois du rocher Kaukab (Ry 508). Ce fut plus loin une longue halte sur le site de Qariya, la ville blanche sabéenne, dont les ruines de gypse jalonnent la plaine au pied de la chaîne du Tuwaiq. Qariya devait être un poste avancé sur la route du golfe Persique, durant la période d'expansion de Saba, à la fin de son histoire.

Nous poursuivîmes notre route vers le nord en passant le wadi Dawasir à l'oasis de Dam. A Ḥufayira, dans le massif du Qaḥṭân, nous fûmes les hôtes d'une colonie d'*ikhwân* qui firent à Philby un accueil enthousiaste. Le sheikh lui demanda de solliciter la générosité du roi en vue de construire une mosquée. Philby n'oublia pas cette requête, et la subvention fut accordée.

Le Wadi Mâsil fut une de nos dernières étapes, à environ 80 km. au sud de la piste de la Mekke à Riyadh. Deux inscriptions sabéennes y marquent la limite de la poussée de Saba vers le nord, en plein centre de la péninsule (Ry 509, 510).

Nous arrivâmes ainsi à Riyadh le 10 février 1952, après avoir vécu pendant plus

---

[33] Philippe Lippens, *Expédition en Arabie centrale*, Paris, Maisonneuve, 1956.
[34] Voir la photographie n° 21 dans Lippens, *op. cit.*, p. 130.

de trois mois sous la tente. Nous ramenions environ 15.000 inscriptions, la plupart des graffites rupestres dont nous avons pris la copie et dont nous avons photographié les spécimens les plus marquants. Plusieurs grandes inscriptions relatant les campagnes de divers rois de Saba fournissent une contribution importante à l'histoire de l'Arabie préislamique. Ces inscriptions ont été publiées[35]), et ont déjà suscité une abondante littérature. Quant aux copies, elles sont déjà, nous l'avons dit, reproduites en fac-similés dans un volumineux atlas. Nous avons ramené aussi un lot appréciable d'inscriptions arabes islamiques. Le professeur A. Grohmann, le grand spécialiste en la matière, avait bien voulu se charger de leur déchiffrement. Il est arrivé à peu près au bout de sa tâche. Quant aux dessins rupestres, nous en avons confié l'étude, d'accord avec Philby, au Dr E. Anati, qui s'est signalé par ses recherches et ses publications en cette matière. Nous préparons aussi la publication des relevés archéologiques faits à Ukhdud, à Qariya et sur d'autre sites. Il y a enfin la carte. Elle est l'œuvre de Philby. Nous l'avons aujourd'hui entre les mains en vue de son impression, comme je l'ai dit plus haut[35bis]).

Au pays de Midian

Le pays de Midian, dans le Hedjaz septentrional, a été parcouru par Philby à quatre reprises, et il a passé au total six mois à y chercher la trace des Nabatéens, des Arabes d'avant l'Islam et des Juifs dont les colonies y étaient florissantes avant leurs démêlés avec le Prophète au temps de l'Hégire.
Son troisième voyage dans le Hedjaz date de 1950[36]). Il quitta Riyadh le 18 novembre pour arriver à Médine le 4 décembre. Le 20 décembre il franchissait la Porte de Damas pour s'en aller vers le nord à Khaibar, célèbre par les hostilités entre les Juifs et les premiers adeptes de l'Islam, et à Teima, centre nabatéen où avait résidé Nabonide. Philby était déjà rompu aux tâches qu'imposent les relevés épigraphiques et archéologiques. A Khaibar il ne trouva aucune trace écrite de l'établissement juif. Il a attribué cette absence d'inscriptions au fait que les Juifs écrivaient au calame sur des matériaux périssables. A Teima, déjà visitée par plusieurs archéologues, les ruines lui offrirent le spectacle d'un véritable chaos, que seules des fouilles pourraient démêler. Il gagna ensuite Tabuk dont il visita les environs, notamment la Hisma au sud-ouest de cette localité; il y releva les ruines du temple de Rawafa, qui présente des analogies avec le temple de Quraya, au nord-ouest de Tabuk. Philby souhaitait depuis longtemps explorer la région peu connue qui forme un

---

[35]) Cf. G. Ryckmans, dans *Le Muséon*, LXVI, 1953, p. 267–317; J. Ryckmans, *ibid.*, p. 318–342.
[35bis]) Philippe Lippens a réuni une collection de lépidoptères hétérocènes qu'il a offerte à l'Institut royal des Sciences naturelles de Belgique. Une partie de cette collection a fait déjà l'objet d'une publication de Serge G. Kiriakoff dans le *Bulletin* de l'Institut (Bruxelles), t. XXXVI, no. 35, avril 1960.
[36]) *The Land of Midian*, Londres 1957; cf. G. Ryckmans, dans *Le Muséon*, LXXII, 1960, p. 244–245.

quadrilatère limité à l'est par le chemin de fer de Tabuk à la frontière, et à l'ouest par le golfe d'Aqaba, de Maqna à Ḥaql. Il ramena de cette expédition de nombreuses inscriptions rupestres thamoudéennes, dont il sera question ci-dessous.

Il revint dans le Hedjaz septentrional en 1953 avec le géologue américain R. G. Bogue. Il y recueillit une autre moisson d'inscriptions minéennes, thamoudéennes, nabatéennes, grecques et arabes qui vont être mises à l'impression.

La carte de l'Arabie

La carte qui figure en tête de *Forty Years in the Wilderness* porte comme légende le titre de ce livre et, à côté d'une ligne en tirets, «Routes followed by the Author». On ne peut mieux comparer cette carte qu'à une toile d'araignée. On est frappé de stupeur devant la révélation de ce que représentent de ténacité, de fatigues, d'attention toujours en éveil, de mépris du danger ces quarante années passées dans le désert.

Philby s'est toujours plu à rendre hommage à ceux qui l'ont précédé sur les pistes de l'Arabie[37]; il s'est montré aussi plein d'attentions pour ses successeurs éventuels: ils les a rassurés à plusieurs reprises au sujet de ce qu'il leur resterait à faire là où il avait passé: leur tâche promettait d'être une sinécure. De fait son exploration a été un véritable ratissage, et il n'y a plus grand chose à glaner après lui. Ses cartes furent son œuvre de prédilection. La technique moderne pourra les rectifier et les préciser grâce à la photographie aérienne et à l'usage d'instruments qu'il ne possédait pas. Elles resteront toutefois la base sur laquelle devra s'édifier tout travail ultérieur.

Historien de l'Arabie moderne

Philby n'a pas été seulement agent politique dans sa jeunesse, explorateur dès l'âge mûr; il a été aussi historien de l'Arabie moderne et de l'Arabie antique. Ses Mémoires, de même que sa biographie du roi Ibn Saʿud fournissent une contribution importante à l'histoire contemporaine du Proche-Orient.

La renaissance wahhabite dont Ibn Saʿud a été l'artisan, fut à ses yeux le levier de toute la politique saʿudite d'unification, et la condition essentielle de la cohésion du nouvel État. Il avait déjà, il y a une trentaine d'années, publié une histoire assez sommaire du mouvement wahhabite[38]. Il reprit ce thème en 1955, peu après la mort du roi Ibn Saʿud (1953), à un moment où, avec l'avènement d'un nouveau règne, se jouait le destin de l'Arabie[39]. On peut qualifier de gageure la tentative

---

[37] Il a démasqué avec ironie d'autant plus féroce les supercheries de mystificateurs tels que Palgrave. Cf. Jacqueline Pirenne, *A la découverte de l'Arabie*, Paris, 1958, p. 221–229 et bibliographie, p. 316.

[38] *Arabia of the Wahhabis*, Londres, 1928.

[39] *Saʿudi Arabia*, Londres, 1955. Cf. G. Ryckmans, dans *Bibliotheca orientalis*, XIV, 1957, p.258–260.

d'écrire cette histoire depuis ses origines, lorsque l'émir de Dar'iya, Muḥammad ibn Sa'ud, accueillit l'apôtre de la régénération spirituelle et morale de l'Islam, Muḥammad ibn 'Abdul-Wahhab. Cette gageure, Philby l'a tenue avec sa ténacité légendaire. Il s'agissait de débrouiller le réseau d'intrigues et de querelles de tribus, à peine apaisées ici pour renaître ailleurs, dont est tissée l'histoire de l'Arabie depuis l'antiquité. La tâche se compliquait du fait que les sources font presque complète-ment défaut jusqu'à la période contemporaine: le fanatisme wahhabite a voué au bûcher tous les livres et manuscrits qui tombaient entre les mains des conqué-rants, et il n'est que fort peu de rescapés qui aient échappé à la vigilance des inquisi-teurs.

Dans la préface de ce volume, Philby se livre à de sombres pronostics. Il rapporte le propos de Sir Percy Cox selon lequel Ibn Sa'ud n'a jamais fait un faux pas[40]. Il n'en fut plus ainsi à la fin de son règne. Le vieux roi qui avait vécu en bédouin frugal, juste et pieux, fut débordé par des événements auxquels il n'était pas préparé. Il n'entendait rien aux finances; il avait vécu pauvre, et il fut, à la fin de sa vie, écrasé sous le poids de l'or. Ses enfants et ses femmes lui devinrent une charge intolérable. Ses forces en déclin furent impuissantes à endiguer le flot montant de la corruption et de la vénalité, importées surtout par des forbans venus des pays voisins à la curée pour exploiter ce peuple austère, non préparé à l'usage des richesses[41].

La réaction ne se fit pas attendre. Philby en a fait le récit dans le dernier volume de son autobiographie qui ait paru de son vivant[42]. En février 1955 il avait donné, en qualité d'invité de l'Aramco, une série de conférences dans lesquelles les pro-blèmes politiques et économiques qui se posaient en Arabie sa'udite étaient envi-sagés sous un angle qui n'était pas de nature à plaire au Palais royal et au Gouver-nement. L'ancien maire de la Mekke avait, de son côté, publié en Égypte une tra-duction de *Arabian Jubilee*, où Philby avait déjà discrètement exprimé ses appré-hensions au sujet de la crise dont était menacé le régime wahhabite. Cette traduc-tion arabe fut interdite en Arabie. Plusieurs personnalités de l'entourage royal prirent prétexte de ces incidents pour procéder à un règlement de comptes que l'émir 'Abdullah, frère d'Ibn Sa'ud, avait tout intérêt à liquider à son profit. Philby fut mis en demeure de se rétracter et de soumettre dorénavant ses publications à la censure, ou d'opter pour l'exil. On sait quel fut son choix: «At noon on April 15th [1955] I bade farewell to a weeping household and left Riyadh for ever (sic)»[43].

---

[40] Cf. Sa'udi Arabia, p. XII.

[41] Sa'udi Arabia, p. XVII.

[42] Forty Years in the Wilderness, Londres, 1959. Cf. G. Ryckmans, dans Le Muséon, LXXII, 1959, p. 240–244. Ce livre, disions-nous, n'est pas à proprement parler une autobiographie. «Il ne s'agit plus ici d'une vue d'ensemble, mais plutôt de glanures dans un passé inséparable de l'histoire du Proche-Orient depuis la première guerre mondiale» (p. 241).

[43] Forty Years in the Wilderness, p. 16. Le sic est de la main de Philby.

Ce «for ever» était impensable pour l'homme uni par tant de liens à l'Arabie. Il était impensable aussi pour le roi, qui ne tarda pas à se réconcilier avec le conseiller de son père. On sait quel excellent souvenir Philby garda de son séjour au Liban. Mais l'Arabie lui manquait, comme lui-même manquait à l'Arabie. L'épilogue de cette aventure mène au 30 mai 1956, date de son retour à Riyadh, en réponse à l'appel du roi Sa'ud[44]). A en juger par la publication de *Forty Years in the Wilderness*, Philby a joui incontestablement, depuis lors, de la liberté de penser et d'écrire, qu'il n'a jamais consenti à aliéner. Ceci est à son honneur et à l'honneur du roi. Nous avons dit déjà qu'un chapitre de *Forty Years* est consacré à Lawrence, dont Philby défend noblement la mémoire. Il raconte plus loin les épisodes parfois burlesques du siège de Djedda. Il y fut le témoin, dès 1924 des intrigues, des négociations, de la trahison et de la bouffonnerie dans lesquelles s'écroula ce qui restait du royaume hashémite. Il raconte aussi l'histoire de ses premiers pas dans l'Islam. Il a fait le récit complet de son premier pèlerinage rituel à la Mekke en 1931, dans un ouvrage qui tient un rang honorable parmi ceux des Européens ayant traité du grand rassemblement religieux de l'Islam[45]).

Il faut signaler enfin sa biographie du calife Harun al Rashid[46]), essai psychologique, dans lequel il suggère discrètement un parallèle entre le grand Abbasside de Bagdad et le grand Wahhabite de Riyadh.

A la recherche des inscriptions et des sites antiques

Ce n'est qu'à partir de son grand voyage dans le Sud, en 1936–1937, que Philby prit une conscience nette de ce que représente l'*ahl al-ǧahiliyya* dans l'histoire de l'Arabie. Il vit alors le long des Wadis qui le menaient vers le Yemen et le Ḥaḍramaut la masse de graffites, d'inscriptions et de dessins qui s'enchevêtrent sur les parois des rochers. Il commença à les copier au Nedjran, au Ḥaḍramaut et dans la région du Djôf méridional. Il vint me voir à Louvain à la fin de l'été de 1937, en regagnant l'Arabie après un séjour en Angleterre, et il me confia des copies de textes relevés à Shabwa[47]). D'autres inscriptions copiées au cours du même voyage ont été publiées par le Professeur A. F. L. Beeston[48]). Plusieurs centaines de graffites thamoudéens provenant de cette expédition ont été publiés par le Dr A. van den Branden[49]). Quant aux inscriptions sabéennes du Nedjran, Philby les a

---

[44]) La plupart des dépêches d'agences, en annonçant la mort de Philby, ont fait erreur en signalant que depuis son exil « il vécut dans la retraite, au Liban, où il vient de s'éteindre ». Voir entre autres *Le Figaro*, 3 octobre 1960.

[45]) *A Pilgrim in Arabia*, Londres, 1946.

[46]) *Harun al Rashid*, Londres, 1934.

[47]) Je les ai publiés dans *Le Muséon*, L, 1937, p. 245–251.

[48]) En appendice à *Sheba's Daughters*, p. 441–454.

[49]) A. van den Branden, *Les textes thamoudéens de Philby*, t. I : *Inscriptions du Sud*, Louvain, 1956.

publiées avec A. S. Tritton à la fin de la guerre[50]). Il ne s'était pas encore fait la main au cours de ce voyage, mais cela ne tarda guère. Il m'a envoyé par la suite de nombreux textes découverts au hasard de ses pérégrinations. L'expédition que nous entreprîmes sous sa conduite lui doit plusieurs milliers de copies – outre l'établissement de la carte. Les grandes inscriptions sabéennes de Ḥimâ et de Mâsil que nous avons signalées plus haut, avaient été déjà repérées par lui; nous en avons publié une deuxième édition grâce aux données plus précises recueillies lors de notre passage.

Il a copié enfin des centaines de graffites lors de ses deux dernières expéditions dans le pays de Midian. Le Dr van den Branden a publié ceux de la première expédition[51]); ceux de la deuxième expédition vont être mis à l'impression.
Ce bilan est impressionnant. Aussi Philby a-t-il pu dire à juste titre: «As for myself, I only claim credit for having rendered some service to the science of Semitic epigraphy»[52]). Et il ajoute que cette science lui doit d'avoir porté directement ou indirectement de 2.000 à plus de 13.000 de nombre d'inscriptions thamoudéennes au sujet desquelles Lidzbarski s'exprimait en ces termes: «His nugis morari nefas habui».

Philby a été tenté aussi par l'archéologie. Il a visité et décrit des ruines importantes: Ukhdud, Shabwa, Qariya. Ses descriptions sont précises; les plans qu'il a dressés à Ukhdud, nous l'avons dit, ont gagné à être révisés: abandonné à lui-même, il se trouvait d'ailleurs dans l'impossibilité de faire du travail fructueux en cette matière. Quant à ses interprétations des données archéologiques, elles ne peuvent être acceptées que sous bénéfice d'inventaire. Il a voulu voir Saba en Shabwa; le grand temple de Shabwa est selon lui un temple «d'Astarté», alors que les inscriptions qui en proviennent font mention du dieu lunaire de Ḥaḍramaut, Sin dhû-'Ilim[53]). Il en est de même à Ukhdud, où la ville antique entourée d'une enceinte est, à son avis, le Qaṣr, tandis qu'une agglomération de date plus tardive en dehors des murs serait la ville.

Historien de l'Arabie antique

Philby s'est essayé vers la fin de sa vie à se faire l'historien de l'Arabie antique. Il nous dit lui-même quel fut le fruit de ses recherches en ce domaine: «Perhaps my

---

[50]) Dans J. R. A. S. 1944, p. 119–129.
[51]) A. van den Branden, Les textes thamoudéens de Philby, t. II: Inscriptions du Nord, Louvain, 1956.
[52]) The Land of Midian, p. 12.
[53]) Pour plus de détails, voir notre compte rendu de Sheba's Daughters, dans Le Muséon, LII, 1939, p. 195.

most important, though still unpublished[54]) contribution to the literature about Arabia may well prove to be a slim volume, called *The Background of Islam*, written during the winter of 1944–1945. It is a highly condensed history of the Arabs during the 3.000 years preceding the advent of Muhammad, based for the most part on an intensive and comprehensive study of the 7.000 odd South Arabian 'Himyarite' inscriptions known to us [. . .] but, so far as I know, never yet used as material for history by any English writer»[55]).

Ce livre a exigé de son auteur un effort peu commun; il contient une masse de renseignements, et il a rendu d'incontestables services, surtout en ce qui concerne la dernière période de Saba qui est la mieux connue, grâce à l'abondance et à la précision des sources. Mais il ne peut être utilisé que sous les plus expresses réserves: Philby place l'histoire de l'Arabie antique dans un cadre chronologique qui est aujourd'hui presque universellement abandonné: le cadre de la chronologie longue de Glaser et de Hommel. D'après Philby, le royaume de Maʿîn, antérieur au royaume de Saba, remonterait au XIIᵉ siècle avant J.-C.; les premiers *mukarribs* de Saba dateraient du IXᵉ siècle, tandis que des rois du Ḥaḍramaut seraient attestés dès le XIᵉ siècle. On voit quelles sont les conséquences de pareilles hypothèses lorsqu'il s'agit d'établir, soit des successions chronologiques ou des synchronismes, soit des tables généalogiques ou d'assigner une date aux faits politiques, économiques, religieux, aux rivalités entre tribus dont font mention les inscriptions. Le lecteur qui consulte ce volume doit faire abstraction de la perspective dans laquelle l'histoire y est traitée.

On sait comment la chronologie de l'Arabie antique a été réduite au cours de ces dernières années, et comment la chronologie *brevissima* de Mlle J. Pirenne, qui assigne au Vᵉ siècle avant J.-C. les débuts de la période historique sud-arabe telle qu'elle nous est connue aujourd'hui par les inscriptions et les monuments, rallie de plus en plus d'adhésions[56]).

Philby était trop grand seigneur pour ne pas reconnaître qu'il s'était engagé là dans une impasse. Il abandonna de la meilleure grâce l'hypothèse qui servait de base à son volume, et il se fit un adepte convaincu de la thèse de Mlle Pirenne[57]).

Il avait déjà témoigné dans *The Background* de ses pronostics sur l'accueil que trouveraient auprès des spécialistes ses opinions en plusieurs matières: «I shall not be surprised if the general conclusions, briefly and perhaps too dogmatically presented in this essay, should be greeted with a measure of scepticism among the experts»[58]).

---

[54]) *The Background of Islam* a été publié depuis lors à Alexandrie en 1947. Cf. G. Ryckmans, dans *Le Muséon*, LX. 1947, p. 303–307.

[55]) *Arabian Days*, p. 317–318.

[56]) J. Pirenne, *Paléographie des inscriptions sud-arabes*, t. I, Bruxelles, 1956.

[57]) Dans un ouvrage posthume sur la reine Bilqîs (sous presse), il se fait résolument l'apologiste de la chronologie *brevissima*.

[58]) *The Background of Islam*, p. 8.

Il ajoutait avec raison que, d'autre part, il connaissait mieux que tout autre l'Arabie d'aujourd'hui, et que cette connaissance est de nature à illustrer singulièrement l'image que nous pouvons nous faire de l'Arabie d'autrefois. Lorsque Philby fait appel à son expérience personnelle, il se révèle un maître incontesté. Mais les «experts» n'ont pas manqué de manifester leur surprise en apprenant que l'alphabet aurait été inventé par les Minéens, que les Phéniciens sont originaires de l'Arabie du sud, et qu'ils ont hérité leur alphabet de celui des Minéens[59]). La chronologie de l'époque d'Abraham et de Ḥammurabi n'est pas établie par Philby selon les découvertes et les travaux récents. Il serait tenté aussi d'identifier Abraham avec le roi babylonien *Damqi-ilišu*, «ami de son dieu» (al-Khalîl du Qoran), à rapprocher peut-être de DNGY, nom attesté par une inscription sud-arabe archaïque découverte à Ur (RES 3934). Les MDY de l'inscription minéenne RES 3022 qui daterait du Xe siècle, ne seraient autres que Midian. Le nom de Bethsabée (*bath-šeba'*) signifierait «fille de Saba'». Ces deux derniers rapprochements se heurtent évidemment à des incompatibilités phonétiques.

Les autres publications de Philby sur l'histoire de l'Arabie antique accusent les mêmes déficiences, malgré d'incontestables qualités[60]).

L'homme et l'ami

Lors de sa première visite à Louvain en 1937, Philby, avant de remonter dans sa petite Ford, en route pour l'Arabie, me pria de lui fournir un renseignement: il voulait savoir comment il pourrait se rendre à Waterloo. Il m'avait parlé de ses inscriptions, de ses explorations et de ses projets. C'est seulement lorsqu'il prit congé de cette manière, que je compris que le sang anglais coulait toujours dans ses veines. Mais cet Anglais de race, anticonformiste au caractère indomptable, et qui dans son pays d'adoption s'était fait le champion de la tradition, a aimé l'Arabie plus qu'aucun Arabe ne l'a jamais aimée. Cette terre qu'il a parcourue en tous sens, dont il a dressé la carte, dont il a fixé l'image dans ses livres, il l'a aimée plus qu'il n'a aimé le peuple qui l'habite. De celui-ci il connaissait les nobles qualités; il en jugeait aussi les défauts, les faiblesses et, hélas! certaines extravagantes folies. Mais les vastes horizons lumineux de l'Arabie, ses déserts et ses rochers et aussi son lointain passé ont littéralement ensorcelé cette âme indomptable.

Sa rencontre avec le chef bédouin Ibn Saʿud a décidé de sa carrière. Il a été, nous l'avons dit, le conseiller indépendant, désintéressé et clairvoyant du grand roi. On a mis en douta sa sincérité, et des reporters fantaisistes l'ont qualifié d'espion

---

[59]) *The Background of Islam*, p. 43–45.

[60]) Voir notamment *South Arabian Chronology*, dans *Le Muséon*, LXII, 1949, p. 229–250, qui est, pour une part, une réponse amicale et courtoise à mon compte rendu de *The Background of Islam* (voir plus haut, n. 54).

de la Grande-Bretagne. Il a raconté lui-même comment, au début de la Deuxième Guerre mondiale, il a été «kidnappé» à Karachi, envoyé en Angleterre, «consigned to the foulest jail in all England», pour être expédié après un mois dans un camp de concentration où il jouit pendant quatre mois de l'hospitalité de l'État [60bis]). Ce n'est pas ainsi qu'un pays a coutume de rémunérer ses espions.

Il ne fut pas moins indépendant en Arabie. Nous avons dit en quelles circonstances il fut banni en 1955.

Cet homme aimait la vérité. Il avait ses outrances; il se montrait violent et passionné à ses heures. Mais il savait se plier avec une patience inlassable aux exigences de l'étiquette arabe, et passer de longues heures à palabrer sur les tapis des divans ou sur les nattes des tentes. Ceci ne l'empêchait pas d'être très entier dans sa façon d'exprimer ses idées et de les défendre devant les Arabes comme devant les Occidentaux. Il fut peut-être dans sa jeunesse «d'un commerce extrêmement difficile, plus encore avec l'Arabe qu'avec l'Occidental cultivé» [61]). J'ai dit comment je l'ai vu se comporter avec les Arabes. Quant à son attitude à l'égard des Occidentaux, je me permets de me fonder une fois encore sur mon expérience personnelle : si les voyages sont la pierre de touche des caractères, l'expédition qui fit de Philippe Lippens, de Jacques Ryckmans et de moi-même ses compagnons de route, nous a laissés sous le charme de la courtoisie, de la distinction, de l'égalité d'humeur de cet homme à la trempe d'acier. Je l'ai connu pendant de longues années. Jamais un nuage n'a assombri notre amitié.

Pendent opera interrupta

Dans le chapitre *Autumn Leaves* de l'un de ses derniers livres, il semble avoir le pressentiment de sa fin prochaine. Il est entré, dit-il, dans le *quinquennium* qui accuse la plus grande mortalité parmi les humains. En ce qui le concerne, «I am only too conscious that the time is short for all the work which lies before me: the sorting, digesting and arranging of the mass of material collected during seven decades of mental and physical activity [. . . .] If I live to be a hundred, indeed, I doubt if I shall have completed the labours which seem to loom before me, while I know that the angel of death will brook no excuse or delay when he summons me to lay down the pen for the last time» [62]).

L'ange de la mort a passé. Parmi les travaux qui le sollicitaient dans un avenir immédiat et auxquels il mettait la dernière main, il y a le rapport géographique

---

[60bis]) *Arabian Days*, p. 316.

[61]) C'est l'impression qu'il fit sur le grand explorateur D. van der Meulen, qui fut agent diplomatique des Pays-Bas à Djedda pendant la période d'entre-deux-guerres. Cf. D. van der Meulen, *Ontwakend Arabië*, Amsterdam, 1953. Voir notre compte rendu de ce volume dans *Bibliotheca orientalis*, XI, 1954, p. 180–183, dont nous nous inspirons ici.

[62]) *Forty Years in the Wilderness*, Ch. IV : *Autumn leaves*, p. 62.

de notre expédition qui est, je l'ai dit, terminé aux deux tiers. Il y a l'histoire du pétrole en Arabie, à laquelle il a été mêlé de près. Il y a aussi l'histoire de son proconsulat à Amman et le tome II de *The Land of Midian*. Il y a enfin un ouvrage sur la reine Bilqîs[63]), le dernier volume de ses Mémoires. Il a confié son immense documentation à un ami, arabisant de haute classe, qui réside depuis plusieurs années dans la zone du golfe Persique. Elle ne pourrait se trouver en meilleures mains.

Le fils de Philby a fait placer sur sa tombe une stèle portant cette simple inscription: «*Greatest of Arabian Explorers*». Celui qui repose sous cette stèle n'aurait pas souhaité un mot de plus.

L'avant-propos de *Sa'udi Arabia* se termine par ces mots de l'historien arabe Ibn Bishr: «I have written nothing but what I believe to be true ... and I beg of him who may find mistakes in my book that he should overlook my errors. For whoso shall forgive the offence of a Muslim, God will forgive his offences and overlook his sins»[64]).

---

[63]) Voir plus haut, note 57.
[64]) *Sa'udi Arabia*, p. XIX.

BIBLIOGRAPHIE

Ouvrages publiés par H. St J. B. Philby

The Heart of Arabia, 2 vol., Londres, 1922.

Arabia of the Wahhabis, Londres, 1928.

Arabia (The Modern World Series), Londres, New-York, 1930.

The Empty Quarter, Londres, 1933.

Harun al Rashid, Londres, 1934.

Sheba's Daughters, Londres, 1939.

A Pilgrim in Arabia, Londres, 1946.

The Background of Islam, Alexandrie, 1947.

Arabian Days. An Autobiography, Londres, 1948.

Arabian Highlands, Ithaca, N. Y., 1952.

Arabian Jubilee, Londres, 1952.

Sa'udi Arabia, Londres, 1955.

The Land of Midian, Londres, 1957.

Forty Years in the Wilderness, Londres, 1959.

Principaux articles de H. St J. B. Philby

Rub' al Khali, dans The Geographical Journal, 81, 1933, p. 1–26.

The Burning Sands of Arabia, dans New York Times Magazine, 21 août 1937.

The Land of Sheba, dans The Geogr. Journ., 92, 1938, p. 1–21; 107–132 (carte, p. 96).

African Contacts with Arabia, dans Journ. of the R. African Society, 38, 1939, p. 33–46.

Halévy in the Yaman, dans The Geogr. Journ., 102, 1943, p. 116–124.

Najran Inscriptions (en collaboration avec A. S. Tritton), dans J. of the R. Asiatic Society, 1944, p. 119–129.

Three New Inscriptions from Ḥadhramaut, dans J. R. A. S., 1945, p. 124–133.

Palgrave in Arabia, dans The Geogr. J., 109, 1947, p. 282–285.

South Arabian Chronology, dans Le Muséon LXII, 1949, p. 229–250.

Two Notes from Central Arabia, dans The Geogr. J., 113, 1949, p. 86–93.

Motor Tracks and Sabaean Inscriptions in Najd, dans The Geogr. J., 116, 1950, p. 211–215.

Golden Jubilee in Saudi Arabia, dans J. of the R. Central Asian Soc., 37, 1950, p. 112–123.

Note on the Last Kings of Saba, dans Le Muséon, LXIII, 1950, p. 269–275.

The Lost Ruins of Quraiya, dans The Geogr. J., 117, 1951, p. 448–458.

The Land of Midian, dans The Middle East J., 9, 1955, p. 117–129.

Epigraphical Expedition in Sa'udi Arabia (1951–1952), dans Proc. of the Twenty–Third Intern. Congress of Orientalists, Cambridge 21st–28th August 1954, Londres, 1957, p. 90–91 et 109.

Arabia in Retrospect, dans Middle East Forum (Beirut), January 1958, p. 14–18.

The Exploration of Arabia, dans The Geogr. J., 124, 1958, p. 535–540.

Note on Ryckmans 535, dans Le Muséon, LXXIII, 1960, p. 395–417.

TABLE DES MATIÈRES

ILLUSTRATIONS

CARTE

Le cabinet de travail de Philby dans sa maison à Riyadh.
De g. à dr.: J. Ryckmans, Philby, G. Ryckmans

Photo Condé

La tombe de Philby au cimetière de Bashura à Beyrouth

Photo Ph. Lippens

Philby sur le capot de sa Jeep, 9 février 1952

Photo J. Ryckmans

Lunch à Zeima, près de la Mekke, 8 novembre 1951.
De g. à dr.: Prof. G. Ryckmans, Philby, Philippe Lippens

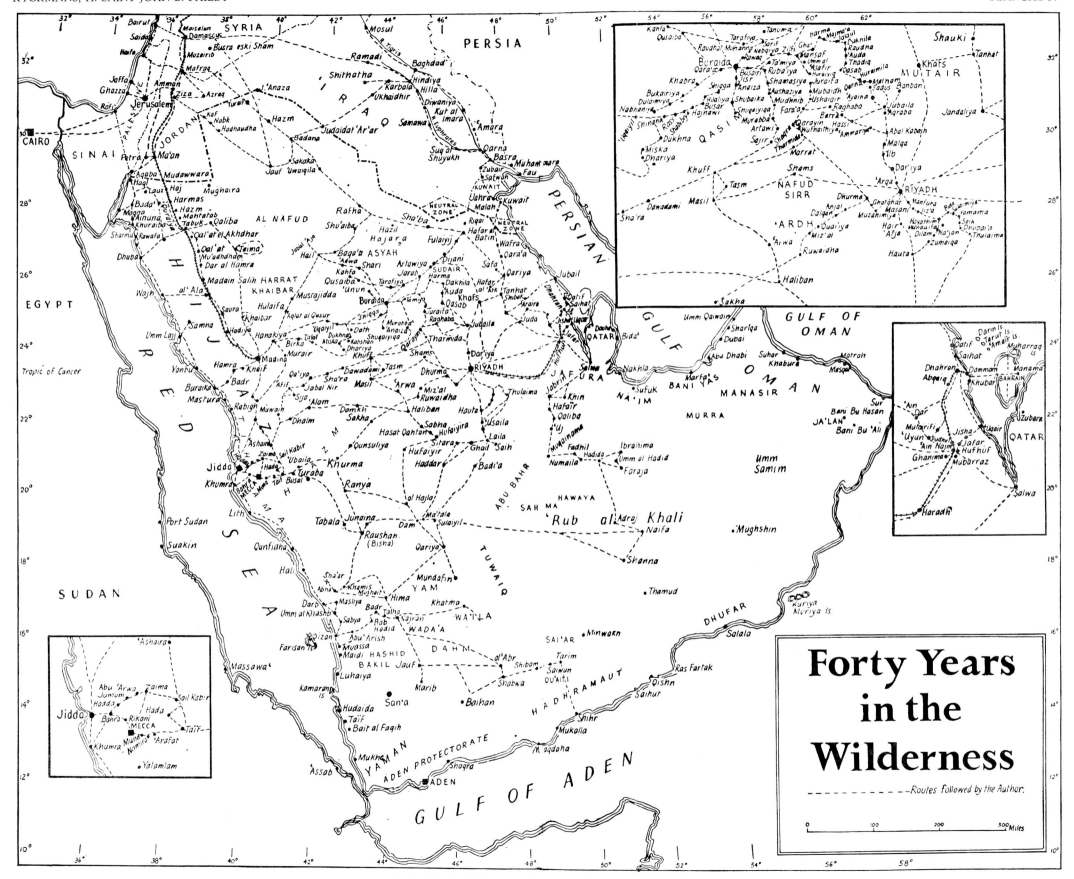

Forty Years in the Wilderness

—————— Routes Followed by the Author.

0   100   200   300 Miles

H. St. John B. Philby, *Forty Years in the Wilderness*, p. XII–XIII